にっぽんのインドカレー

初台スパイス食堂 和魂印才たんどーるの
店主が教える本格おうちレシピ

塚本善重

インド料理店での10年。

ここが僕の料理人としてのベースです。

この本のタイトルには、

僕を育ててくれたインド人シェフへの敬意と感謝、

そして、僕が作り上げてきた、日本人ならではの

新しいインド料理のすべてが込められています。

和魂印才 ここにあり！

CONTENTS

● 表記の小さじ1は5ml、大さじ1は15ml。1カップは200ml。ひとつまみは、親指、人さし指、中指の3本の指先でつまんだ分量(約1g、小さじ1/5程度)です。

● レシピに書かれた時間表示はあくまでも目安です。レシピの⏱表示には下準備の時間は含みません。

● 火加減は、とくに表記がある場合を除いてだいたい中火ですが、調理器具や火力など、さまざまな条件で異なるため、表記はあくまでも参考としてください。

● 全体的に辛さが際立つ料理はありませんが、辛いものが苦手な方は、チリ、カイエンペッパー、ブラックペッパー、山椒、七味唐辛子などのスパイスを控えめに。

● フライパンは、直径26〜28cm、深さ8〜9cmの深めのものを使用しています。フッ素樹脂加工のものがおすすめです。

〈塩について〉

塩はブランドによって味が違います。店で使っているのは「伯方の塩 焼塩」。塩本来の塩辛さがあり、スパイシーな料理に適しています。焼塩はサラサラしていて使いやすく、またこの塩は手に入りやすく、比較的リーズナブルなのもポイントです。

〈塩加減について〉

塩の分量はあくまでも目安です。塩のブランドによって塩味が異なり、味の好みにも違いがあるので、最初は控えめに入れて、最後に調整するとよいでしょう。

Nippon no
Indian curry

はじめに

　16歳で料理の世界に入り、18歳でインド料理店に入店。当時は珍しいインド人シェフばかりのキッチンに緊張しながら、私のインド料理人生がスタートしました。最初はスパイスの香りになじめず、具合が悪くなっていましたが、ひと月ほど経つと慣れてきて、インド料理の面白さに気付き始めました。

　修業を重ねていくうちに、ある程度の料理は作れるようになりましたが、感性や感覚はインド人シェフのようにはいかず、悩んだ時期もあります。そんなとき、強烈な一言を言われました。
「日本人にスパイスのこと、何がわかる！」

　インド人シェフのこの言葉をきっかけに考えたのは、インド人にはなくて日本人の自分にあるものは何か？──出てきた答えが『和の食材』でした。そして、食材のことや基本的な日本料理を独学で勉強し、試行錯誤の末、完成したのが『鶏肉の梅カレー』です。31歳のとき「印度料理たんどーる」を開店。当時、和の食材でインドカレーを作るような店はまだありませんでしたが、ゴマや根菜などを使って和のカレーを増やし、2年後には「新・印度料理たんどーる」と改名。これまでにない新しいインド料理をメインにした"にっぽんの印度料理"というスタイルを、徐々に作り上げていきました。

　現在は「初台スパイス食堂 和魂印才たんどーる」と名を改め、より自由な発想で新しいインド・スパイス料理を楽しんでいます。『和魂印才』という言葉には、日本人の感性と、インド料理の技術が融合した独自の料理という意味が込められています。

　本書では、梅干し、ゴマ、昆布など身近な和の食材を使い、多様な料理のエッセンスを取り入れた新しいスパイス料理を紹介します。皆さまの日々の献立の助けになれば幸いです。

初台スパイス食堂 和魂印才たんどーる
塚本善重

鶏ひき肉とナンコツの
キーマカレー

「この食感、いいなぁ!」
焼き鳥屋さんでナンコツ入りのつくねを
食べているときにひらめいたカレー。
梅干しをまぜて食べるのがおすすめです

コリコリした食感がクセになる！

鶏ひき肉とナンコツのキーマカレー

45分

材料（4〜5人分）

鶏ももひき肉（できれば粗挽き）・・・・・・・400g
鶏やげんナンコツ（みじん切り）・・・・・・・200g
玉ねぎ（みじん切り）・・・・・・・小1個（200g）
サラダ油・・・・・・・・・・・・・・・・・・大さじ2
ホールスパイスA
  ┌クローブ・・・・・・・・・・・・・・・12粒
  │カルダモン・・・・・・・・・・・・・・2個
  │シナモン・・・・・・・・・・・・2片（2g）
  └マスタードシード・・・・・・・・・・小さじ1
ホールスパイスB
  ┌ローリエ・・・・・・・・・・・・・・・2枚
  └チリ・・・・・・・・・・・・・・・・・1本
GG（ジンジャー＆ガーリック）
  ┌おろし生姜・・・・・・・・・・・・小さじ2
  │おろしにんにく・・・・・・・・・・小さじ1
  └水・・・・・・・・・・・・・・・・・150ml
パウダースパイス
  ┌コリアンダー・・・・・・・・・・・・大さじ1
  │カイエンペッパー・・・小さじ1/2〜小さじ1
  │ターメリック・・・・・・・・・小さじ1と1/2
  └七味唐辛子・・・・・・・・・・・・小さじ1/2
塩・・・・・・・・・・・・・・・・・小さじ1と1/2
ココナッツファイン・・・・・・・・大さじ2（10g）
トマトジュース（無塩）・・・・・・・・・・80ml

下準備

【GGを作る】おろし生姜とおろしにんにくを分量の水で溶く

生姜やにんにくはチューブでもOK
POINT

鶏やげんナンコツ

PHOTO:FUMIYO TSUKAMOTO

POINT
ナンコツのみじん切りは9mm大が目安。大きすぎず細かすぎないようにするのがポイント

カイエンペッパー ターメリック トマトジュース 鶏やげんナンコツ（みじん切り） 鶏ももひき肉（粗挽き）

七味唐辛子

塩

コリアンダー

ローリエ

シナモン

クローブ

マスタードシード チリ カルダモン ココナッツファイン GG（ジンジャー＆ガーリック） 玉ねぎ（みじん切り）

たんどーるの薬味

青ジソ、みょうが、万能ねぎ、貝割れ菜、生姜を刻んで作る万能薬味。店では、カレーやタンドリーチキンなどの焼き物にトッピングしています。玉子焼きの具や味噌汁などにもおすすめ！

油に
スパイスの
香りを移す

❶
深めのフライパンにサラダ油を入れて
中火にかけ、ホールスパイスA を入れ
る。パチパチはねて香りが出てきたら
弱火にし、ホールスパイスB を加えて
さっとまぜる。

玉ねぎを
飴色になる
まで炒める

❷
すぐに玉ねぎを加えてまぜ合わせ、飴
色になるまで12分ほど、しっかり炒め
る。

GG を
加える

❸
飴色になったら、まぜ合わせたGG を
加えて強火にし、水分を飛ばすように
炒める。

詳しくはP18参照

パウダー
スパイスを
加える

❹
パウダースパイス、塩、ココナッツファ
インを加えてまぜる。

トマト
ジュースを
加える

❺
トマトジュースと水200ml（分量外）
を加えてまぜ合わせ、煮立たせる。

❻

ひき肉を
加える

ひき肉を加え、再び煮立ったら中火にし、ときどきまぜながら10分ほど煮る。

途中で適宜、水(分量外)を足し、煮詰まりすぎを防ごう！

POINT

❼

ナンコツを
加える

ナンコツを加えてよくまぜ、7分ほど煮る。途中、焦げないように、ときどきまぜる。

ナンコツの食感を生かすため、長く煮すぎないこと

POINT

❽

完成

器に盛り、お好みで梅干しや薬味をのせる。

＼おすすめ／

最初はそのまま食べて、梅干しが好きな方は、梅干しをつぶしながら一緒にどうぞ。酸味が加わって味が変わり、2種類の味が楽しめます！

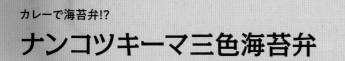

カレーで海苔弁!?

ナンコツキーマ三色海苔弁

アジョワン風味の炒り玉子

材料（2〜3人分）

卵 · 2個
塩 · ひとつまみ
砂糖 · ひとつまみ
アジョワンシード · · · · · · · · · · · · ひとつまみ
サラダ油 · · · · · · · · · · · · · · · · · · · 小さじ1

作り方

❶ボウルに卵、塩、砂糖を入れてよくまぜる。

❷フライパンにサラダ油、アジョワンシードを入れて
火にかけ、香りが出てきたら①を入れて炒め、炒り玉子
を作る。

青菜のスパイスオイル和え

材料（2〜3人分）

お好みの青菜 · · · · · · · · · · · · · · · · · 100g
マスタードシード · · · · · · · · · · · · · 小さじ1/3
クミンシード · · · · · · · · · · · · · · · · 小さじ1/3
塩 · ひとつまみ
オリーブオイル · · · · · · · · · · · · · · · 小さじ1

作り方

❶青菜は塩（分量外）を入れた熱湯でサッとゆで、冷水
にとって水けを絞り、3cmに切る。

❷フライパンにオリーブオイル、マスタードシード、
クミンシードを入れて火にかけ、香りが出てきたら青
菜に加える。塩を加えてよくまぜる。

お弁当箱に詰めよう！

分量の目安

ご飯 · 200g
焼き海苔（全形） · · · · · · · · · · · · · · · 1/2枚
鶏ひき肉とナンコツのキーマカレー · · · · · · · · · ·
· · · · · · · · · · · · · · · 150g（P10〜13参照）

作り方

弁当箱にご飯をよそって海苔をしき、カ
レーを海苔の上にまんべんなく盛りつけ
る。炒り玉子と青菜をのせ、お好みでピク
ルスをトッピングする。

海苔がカレーになじんでしっとり。
海苔はご飯との仕切りにも！

POINT

15

炒め時間15分の
飴色玉ねぎ

これがカレーの味を決める。
ポイントは火加減と水。
炒め方をマスターして、
いろいろなカレーに挑戦してください

炒め時間15分の飴色玉ねぎ

⏱ 15分

材料（4人分）

玉ねぎ（みじん切り）	大1個（約300g）
サラダ油	大さじ3

ホールスパイスA
- シナモン ・・・・・・・・・・・・・・・・・・・・・・・ 2片
- クローブ ・・・・・・・・・・・・・・・・・・・・・・・ 5粒
- カルダモン ・・・・・・・・・・・・・・・・・・・・・ 2個

ホールスパイスB
- チリ ・・・・・・・・・・・・・・・・・・・・・・・・・・・ 1本
- ローリエ ・・・・・・・・・・・・・・・・・・・・・・・ 2枚

GG（ジンジャー＆ガーリック）
- おろし生姜 ・・・・・・・・・・・・・・・・・・・・ 小さじ2
- おろしにんにく ・・・・・・・・・・・・・・・・・ 小さじ1
- 水 ・・・・・・・・・・・・・・・・・・・・・・・・・・・・・ 150ml

\ めざせ /

できあがりの目安はこっくりとした飴色！

作り方

**油に
スパイスの
香りを移す**

❶ 深めのフライパンにサラダ油を入れて中火にかけ、ホールスパイスAを入れる。香りが出てきたら、火を少し弱めてホールスパイスBを加え、油になじませる。

POINT

カルダモン、クローブは少しふくらみ、シナモンはシュワシュワしてくる

**玉ねぎを
加える**

❷ 玉ねぎを加え、油でコーティングするようによくまぜ、全体に広げる。

**強火で
焼きつける**

❸ 最初は強火で焼きつけるようにする。玉ねぎのカサが少し減ってきたら、火を弱めて中火にし、ザッとまぜる。

④

少し
色づいて
くる

5分ほど経つと、少し色づいてくるので、こまめにまぜる。

⑤

水を足す

7〜8分経つと、濃いキツネ色になってくるが、まだ色がまばらな状態。水50mlほど（分量外）を入れて強火にし、さらに炒める。

⑥

飴色になる

焦げそうになったら、再度水50mlほど（分量外）を入れて炒める。玉ねぎが少し溶けてきて、全体的に色がなじんで飴色になってくる。

⑦

GGを
加える

まぜ合わせたGGを入れて、水分を飛ばすようにしっかり炒める。

⑧

完成

全体的にもったりとしてきたらできあがり。

ベースをもとに
カレーを作る
①

トマトベース
で
3つのカレー

TOMATO CURRY

海老のカレー

豚肉のカレー

白菜と焼き油揚げのカレー

トマトベースの作り方

35分

材料（4人分）

飴色玉ねぎ ・・・・・・・・・・・・・ 4人分
トマト（潰すか細かく切っておく）・・・・・・・
・・・・・・・・・・・・・・ 中1個（約150g）
ホールトマト（潰しておく）・・ 1缶（400g）
パウダースパイスA
┌ ターメリック・・・・・・・・・・・ 小さじ1
└ カイエンペッパー ・・・・・・・ 小さじ1/3
塩・・・・・・・・・・・・・ 小さじ1と1/2
パウダースパイスB
┌ クミン・・・・・・・・・・・・・・ 小さじ1
└ コリアンダー ・・・・・・・・・・・ 小さじ2
ホールブラックペッパー ・・・・・・・ 10粒

作り方

❶
飴色玉ねぎ（P18参照）に、パウダースパイスAと塩を加えて炒める。

❷
トマト、ホールトマトを加えて3～4分煮立たせたら、水100ml（分量外）を加える。

❸
煮立ってきたら弱火にし、ときどきまぜながら10分ほど煮込む。

❹
別のフライパンでパウダースパイスBを弱火でから煎りし、軽く色づいて香りが出てくるまで熱する。

❺
④を③のフライパンに加えてまぜる。

❻
ホールブラックペッパーを加え、弱火で5分ほど煮込む（仕上がり約550g）。

アレンジ**❶**

海老のカレー ⏱ 45分
(ベース作り含む)

材料（2人分）

トマトベース ・・・・・・・・・・・・・・・・・・・・・ 2人分
海老（ブラックタイガーなど）・・・・・・ 8〜10尾
塩 ・・・・・・・・・・・・・・・・・・・・・・・・・ ひとつまみ
ターメリック ・・・・・・・・・・・・・・・・・ 小さじ1/4
ピーマン（ヘタと種を取って乱切り）・・・・・・・1個
サラダ油 ・・・・・・・・・・・・・・・・・・・・・ 小さじ1

下準備

【海老】殻をむいて背ワタを取り、洗って水けを取る。
塩、ターメリックを和えておく

作り方

❶ フライパンにサラダ油を熱し、海老をサッと炒め、表面の色が変わったら、ピーマンを加えて炒め合わせる。

❷ 水50ml（分量外）を加えてひと煮立ちさせ、トマトベースを加えて2分ほど煮る。

アレンジ❷
豚肉のカレー ⏱ 45分
（ベース作り含む）

材料（2人分）

トマトベース ・・・・・・・・・・・・・・・	2人分
豚肩ロース肉（ブロック）・・・・・・・・・	300g
塩 ・・・・・・・・・・・・・・・・・・・・・	ひとつまみ
粗挽きブラックペッパー ・・・・・・・・	ひとつまみ
サラダ油 ・・・・・・・・・・・・・・・・・	小さじ1
ターメリックライス（P84参照）・・・・・・	適量
スパイスガリ（P87参照）・・・・・・・・	適量

下準備

【豚肉】5mm角、3cmの棒状に切り、塩、粗挽きブラックペッパーを振る

作り方

フライパンにサラダ油を熱し、豚肉を炒める。肉に火が通ったら、水50ml（分量外）とトマトベースを加えて強火にし、ときどきまぜながら5分ほど煮る。煮詰まってきたら少量の水（分量外）を足し、ひと煮立ちさせる。お好みで薬味（P11参照）をのせる。

アレンジ❸

白菜と焼き油揚げのカレー

⏱ 50分
（ベース作り含む）

材料（4人分）

トマトベース ・・・・・・・・・・・・・・・・・・4人分
白菜（葉はざく切り、芯は細切り）・・ 250〜300g
油揚げ ・・・・・・・・・・・・・・・・・・・・1枚

下準備

┌─────────────────────────────┐
【油揚げ】フライパンで両面に焼き色をつけ、2cm
角に切る
└─────────────────────────────┘

作り方

トマトベースに水200ml（分量外）を加え、煮立ったら
白菜を加えてまぜ、10分ほど煮込む。焼き油揚げを加え
てひと煮立ちさせる。

ベースをもとに
カレーを作る
②

ゴマ味噌
ベースで
3つのカレー

GOMA-MISO CURRY

サバカレー

カツカレー

長ねぎとエリンギと茄子のカレー

ゴマ味噌ベースの作り方

⏱ 25分

材料（4人分）

飴色玉ねぎ ・・・・・・・・・・・・・ 4人分
パウダースパイス
┌ ターメリック ・・・・・・・・・・・ 小さじ1
│ カイエンペッパー ・・・・・・・・ 小さじ1
│ コリアンダー ・・・・・・・・・・・ 小さじ1
└ クミン ・・・・・・・・・・・・・・ 小さじ2
調味料
┌ 味噌 ・・・・・・・・・・・・・・・・・・
│ ・・・ 約110g（塩分により分量は調節する）
└ トマトジュース ・・・・・・・・・ 200ml
練りゴマ（白）・・・・・・・・・・・ 大さじ2
煎りゴマ（白）・・・・・・・・・・・ 小さじ1

下準備

【調味料】味噌とトマトジュースをまぜておく

作り方

❶
飴色玉ねぎ（P18参照）にパウダースパイスを加えて、軽く炒める。

❷
まぜ合わせた調味料を加え、ときどきまぜながら中火で5分ほど煮る。

❸
煎りゴマ、練りゴマを加え、火を弱めてまぜながら水分が少なくなるまでしっかり煮詰める。50mlほどの水（分量外）を加えてのばし、2〜3分強めの中火で煮詰める（仕上がり約400g）。

＼ おすすめ ／

ディップ

ゴマ味噌ベースは冷やして、そのまま野菜スティックにつけたり、クリームチーズにのせたり、ディップとして活用！

サバカレー

🕐 **75分**
（ベース作りと蒸らし含む）

材料（2人分）

ゴマ味噌ベース ・・・・・・・・・・・・・・・・・ 2人分
サバ ・・・・・・・・・・・・・ 1尾（二枚におろしたもの）
生姜（薄切り）・・・・・・・・・・・・・・・・・・・・ 2枚

POINT

サバ缶でも作れます。水煮
190g1缶を汁ごと加えて！

作り方

サバは皮目に十字の切り目を入れる。フライパンにゴマ味噌ベース、水100ml（分量外）、生姜を入れて火にかけ、煮立ったらサバを入れてフタをし、10〜15分弱火で煮込む。火を止めて30分ほどおき、味を含ませる。水50ml（分量外）を加えて温め、濃度を調整する。お好みで白髪ねぎをのせる。

カツカレー ⏱ 30分（ベース作り含む）

材料（1人分）

ゴマ味噌ベース ・・・・・・・・・・・・・・・ 1人分
トンカツ（市販）・・・・・・・・・・・・・・・ 1枚
ご飯 ・・・・・・・・・・・・・・・・・・・・・ 適量

作り方

フライパンにゴマ味噌ベースと水50ml（分量外）を入れて温め、濃度を調整する。ご飯にトンカツをのせ、カレーをかける。お好みできざんだ三ツ葉や貝割れ菜などをのせる。

長ねぎとエリンギと茄子のカレー

🕐 **35分**
（ベース作り含む）

材料（2人分）

ゴマ味噌ベース ・・・・・・・・・・・・・・・・・・・・・・・ 2人分
長ねぎ（斜め切り）・・・・・・・・・・・・・・・・・・・ 1本
エリンギ（5cm長さの薄切り）・・・・・・・ 1パック
茄子（5cm長さの薄切り）・・・・・・ 1本（約100g）
サラダ油 ・・・・・・・・・・・・・・・・・・・・・・・・・ 大さじ1

作り方

フライパンにサラダ油を熱し、長ねぎを炒める。しんなりしてきたら、エリンギ、茄子を加えて炒め合わせる。野菜に火が通ったら、水50ml（分量外）とゴマ味噌ベースを入れて温める。

うどんで食べてもおいしいよ！

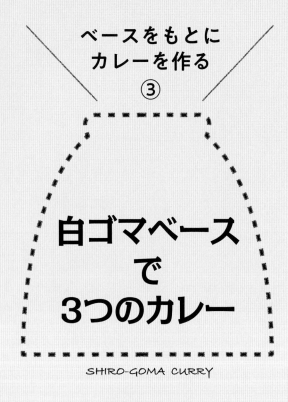

ベースをもとに
カレーを作る
③

白ゴマベース
で
3つのカレー

SHIRO-GOMA CURRY

イカワタカレー

クリームチーズカレー

根菜カレー

白ゴマベースの作り方

⏱ 22分

材料（4人分）

飴色玉ねぎ ・・・・・・・・・・・・・・ 4人分
パウダースパイス
- ターメリック ・・・・・・・・・・・・ 小さじ1
- カイエンペッパー ・・・・・ 小さじ1/4※
- クミン ・・・・・・・・・・・・・・・ 小さじ1
- コリアンダー ・・・・・・・・・・・ 小さじ2
塩 ・・・・・・・・・・・・・・・ 小さじ1と1/2
トマトジュース（無塩）・・・・・・・ 200ml

※イカワタカレーの場合、カイエンペッパーは
小さじ1/2でもOK

作り方

❶
飴色玉ねぎ（P18参照）
に、パウダースパイスと
塩を加えて、軽く炒める。

❷
トマトジュースを加えて
5分ほど煮る。

❸
白ゴマベースはここで完
成（仕上がり約320g）。

POINT

練りゴマ（白）をアレンジ
カレーの仕上げに加えます

イカワタカレー

⏱ **42分**
（ベース作り含む）

材料（4人分）

白ゴマベース ･････････････････ 4人分
イカ ････････････････ 2はい（約185g）
イカのワタ ･･････････ 2はい分（約55g）
練りゴマ（白） ･･････････････ 大さじ2

下準備

【イカ】下処理して胴体は輪切り、足は適当な長さに
切る

作り方

白ゴマベースに練りゴマ、イカのワタを加え、なじんだ
ら水50ml（分量外）を加える。煮立ってきたらイカを加
え、10〜15分煮込む。お好みで万能ねぎや柚子の皮を
散らす。

アレンジ②

クリームチーズカレー

🕐 **77分**
(ベース作りと蒸らし含む)

材料（4人分）

白ゴマベース ‥‥‥‥‥‥‥‥‥‥‥ 4人分
鶏もも肉（皮を取って一口大に切る）‥‥ 400〜500g
クリームチーズ（室温に戻しておく）‥‥‥‥ 60g
練りゴマ（白）‥‥‥‥‥‥‥‥‥‥ 大さじ2

泡立て器を使うとムラなく
なめらかによくまざる

作り方

白ゴマベースに水200ml（分量外）を加え、ひと煮立ちしたら鶏肉を加えてよくまぜ、5分ほど煮込む。練りゴマを加えてまぜ、5分ほど煮る。火を止め、フタをして30分ほど蒸らす。鶏肉を取り出し、中火にかけてクリームチーズを加え、泡立て器でよくまぜる。水50ml（分量外）を足し、クリームチーズが溶けたら鶏肉を戻し入れて、まぜ合わせる。

根菜カレー

⏱ **72分**
（ベース作りと蒸らし含む）

材料（4人分）

白ゴマベース ・・・・・・・・・・・・・・・・・	4人分
大根（1.5cm角に切る）・・・・・・・・・	200g
人参（1.5cm角に切る）・・・・・・・・・	100g
レンコン（1.5cm角に切る）・・・・・・	100g
ゴボウ（1.5cm角に切る）・・・・・・・・	100g
ターメリック ・・・・・・・・・・・・・・	小さじ1/3
練りゴマ（白）・・・・・・・・・・・・・・	大さじ4

下準備

【レンコン・ゴボウ】ターメリックで和える

作り方

白ゴマベースに大根、人参、レンコン、ゴボウ、水600ml（分量外）を加え、10分ほど煮る。練りゴマを加えてさらに5分ほど煮る。火を止め、フタをして30分ほど蒸らし、再び火にかけて水50ml（分量外）を足し、ひと煮立ちさせて、塩加減を調整する。

> レンコン、ゴボウは変色をふせぐため、ターメリックと和えておく

 POINT

鶏肉の梅カレー

「はじめの一歩」
和の食材を使ったカレー作りは
この梅カレーから始まりました

たんどーるの代表作。梅の風味を生かすため、使うスパイスはシンプルです!

鶏肉の梅カレー

60分
(蒸らし含む)

材料 (4〜5人分)

鶏もも肉 (皮と脂を取り一口大に切る)・・・・・・・・・・
・・・・・・・・・・・・・・・・・・・・・・ 400〜500g
玉ねぎ (みじん切り)・・・・・・・・ 大1個 (約300g)
サラダ油 ・・・・・・・・・・・・・・・・・・ 大さじ3
練り梅・・・・・・・・・・・・ 50g (塩分15%のもの)
トマトジュース (無塩)・・・・・・・・・・・ 250ml
日高昆布・・・・・・・・・・・・・・・・・・・・ 3g
水・・・・・・・・・・・・・・・・・・・・・・・ 200ml

ホールスパイス
┌ チリ ・・・・・・・・・・・・・・・・・・・・・1本
└ ローリエ ・・・・・・・・・・・・・・・・・・・2枚

GG (ジンジャー&ガーリック)
┌ おろし生姜 ・・・・・・・・・・・・・・ 小さじ2
│ おろしにんにく・・・・・・・・・・・・・ 小さじ1
└ 水 ・・・・・・・・・・・・・・・・・・・・ 150ml

パウダースパイス
┌ クミン・・・・・・・・・・・・・・・・・・ 大さじ1
│ コリアンダー ・・・・・・・・・・・・・ 大さじ1/2
│ ターメリック・・・・・・・・・・・・・ 大さじ1/2
└ カイエンペッパー ・・・・・・・・・・ 小さじ1/2

下準備

【昆布】1.5cm 角に切り、分量の水に浸けて30分ほどおく

【練り梅とトマトジュース】合わせておく

取った鶏皮は「大根・人参・高野豆腐のスパイス煮」(P76)に使う。さらに、「オトナのスパイスナポリタン」(P70)にも使える

POINT

作り方

❶
深めのフライパンにサラダ油を入れて中火にかけ、ホールスパイスを入れて油になじませる。玉ねぎを加え、飴色になるまで炒める (P18参照)。

❷
まぜ合わせたGGを加えて軽く炒め、パウダースパイスを加えて炒める。

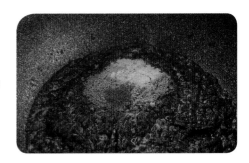

❸

練り梅とトマトジュースを合わせたものを加える。

❹

昆布の戻し汁を加える（昆布はとっておく）。

❺

煮立ったら鶏肉を入れて、ときどきまぜながら中火で10分ほど煮込む。

❻

昆布を加えてさらに5分ほど煮込む。

❼

水分が飛んでトロリとしてきたら、火を止めてフタをし、30分ほどおく。再び火にかけて水50mlほど（分量外）を足し、ひと煮立ちさせる。

＼おすすめ／

お好みで生姜や薬味をトッピング

これぞ和魂印才！
南インドのソウルフードであるラッサムを、
和の食材を駆使して作ったたんどーるの傑作!!

スープでも、ご飯を入れて雑炊でも、楽しみ方はいろいろ。辛さとまろやかさがマッチした絶品

和ッサムスープ

13分

材料（4人分）

A

日高昆布 ・・・・・・・・・・・・・・・・・・・	6g
水 ・・・・・・・・・・・・・・・・・・・	300ml

B

トマト（潰すか小さめのざく切り）・・・・・・・・・・	
	小1/2個（約50g）
木綿豆腐（潰しておく）・・・・・	1/4丁（75g）
トマトジュース（無塩）・・・・・	200ml
練り梅 ・・・・・・・・・・・・・・	大さじ1
柚子胡椒 ・・・・・・・・・・・・	小さじ1/4〜1/5

パウダースパイス

ターメリック ・・・・・・・・・・・・・・・	小さじ1/3
カイエンペッパー ・・・・・・・・・・・・・	小さじ1/3
ラッサムパウダー※1 ・・・・・・・・・・・・	小さじ1
炒りゴマ（白）・・・・・・・・・・・・・・	小さじ1/2
オリーブオイル ・・・・・・・・・・・・・・	大さじ1

ホールスパイス

クミンシード ・・・・・・・・・・・・	小さじ1/3
マスタードシード ・・・・・・・・・・	小さじ1/3
にんにく（みじん切り）・・・・・・・・	1/2片

下準備

【A】昆布を分量の水に浸けて一晩おく
【Bをまぜる】練り梅、柚子胡椒をボウルに入れ、トマトジュースを加えながらまぜる。トマト、豆腐を加えてまぜ合わせる

作り方

❶鍋にAを入れて火にかけ、温まってきたら昆布を取り出す※2。沸騰直前にまぜ合わせたBを加える。煮立ったら火を弱めてアクを取り、パウダースパイス、ラッサムパウダー、炒りゴマを加えてまぜ、再び煮立ったら火を止める。

❷フライパンにオリーブオイルを熱し、ホールスパイスを入れる。パチパチとはねてきたらにんにくを入れてキツネ色になるまで炒める。油ごと①の鍋に加えてまぜる。

※2取り出した昆布は「フェンネル薫るシソ昆布」（P45）に活用！ **POINT**

※1 ラッサムパウダーの作り方

材料

クミンシード ・・・・・・・・・・・・	10g
ブラックペッパー ・・・・・・・・・・	10g
ホールチリ ・・・・・・・・・・・・・	1/2本〜1本

作り方

材料をフライパンで煎り（写真）、ミルでひく。

PHOTO:FUMIYO TSUKAMOTO

お手軽ラッサムパウダーの作り方
（ミルのない人向け）

材料

クミンパウダー ・・・・・・・・・・	小さじ1/2
ブラックペッパーパウダー ・・・・・	小さじ1/4
粗挽きブラックペッパー ・・・・・・	小さじ1/4
カイエンペッパー ・・・・・・・・・	ひとつまみ

作り方

材料をフライパンに入れ、少し色づくまで弱火でから煎りする。

ラッサムと和ッサムの対比

タマリンド ・・・・・・・・・・・・・	➤	梅
グリーンチリ ・・・・・・・・・・・・	➤	柚子胡椒
ヒング ・・・・・・・・・・・・・・・	➤	昆布
ダール ・・・・・・・・・・・・・・・	➤	豆腐

南インドのスタンダードな「ラッサムスープ」を、和の食材でアレンジした和のラッサム。スパイスと和の食材が右のように置き換えられている。

和ッサムスープをアレンジ

長芋とオクラの
冷製和ッサムスープ

材料（4人分）

和ッサムスープの材料（豆腐をのぞく）‥‥‥一式
長芋 ‥‥‥‥‥‥‥‥‥‥‥‥‥‥ 150g
オクラ ‥‥‥‥‥‥‥‥‥‥‥‥‥‥ 6本

冷汁をヒントに作りました  POINT

⏱ 15分

下準備

【長芋】100gはすりおろし、50gはさいの目切りに
【オクラ】熱湯でサッとゆで、長芋と同じくらいの大きさに切る

作り方

豆腐を入れずに和ッサムスープ（P43参照）を作り、冷蔵庫で冷やす。すりおろした長芋を加えてまぜる。器に盛り、切った長芋とオクラをのせる。

和ッサムスープで使った昆布を再利用

フェンネル薫るシソ昆布

20分

材料（4人分）

和ッサムスープでだしをとった昆布 ‥全量
フェンネルシード ・・・・・・・・・・ 小さじ1
赤ジソ ・・・・・・・・・・・ 小さじ1（5g）
サラダ油 ・・・・・・・・・・・・・ 小さじ1
水 ・・・・・・・・・・・・・・・・ 150㎖
調味料
┌ 醤油 ・・・・・・・・・・・・・ 小さじ2
│ みりん ・・・・・・・・・・・・ 小さじ2
│ 砂糖 ・・・・・・・・・・・・・ 小さじ1
│ 粗挽きブラックペッパー ・・・・・ 小さじ1/4
└ 炒りゴマ（白）・・・・・・・・・ 小さじ1/2

下準備

【昆布】細切りにする
【赤ジソ】細かくたたく
【調味料】まぜ合わせておく

作り方

❶フライパンにサラダ油を入れて中火にかけ、フェンネルシードを入れる。香りが出て少し色づいたら、昆布と赤ジソを入れて少し炒める。

❷分量の水を入れ、煮立ったら火を弱めてフタをし、ときどきまぜながら15分ほど煮る。途中で水分が少なくなったら、水を少し（分量外）足す。

❸昆布がやわらかくなったら火を強め、水分が少なくなってきたら、まぜ合わせた調味料を加えて炒め、水分を飛ばす。

海苔メニューは、ご飯はもちろん、パンや豆腐にのせても、そのままおつまみで食べても!

 POINT

冷蔵庫にストックしておきたい、ご飯のお供

海苔と鰹節の佃煮

🕐 20分

材料

焼き海苔 (全形)	5枚
水	400ml
鰹節	10g
玉ねぎ (みじん切り)	大1/2個 (約150g)
サラダ油	大さじ2
クミンシード	小さじ1

GG (ジンジャー&ガーリック)
┌ おろし生姜	小さじ1
│ おろしにんにく	小さじ1/2
└ 水	100ml

パウダースパイス
┌ ターメリック	小さじ1/2
│ カイエンペッパー	小さじ1/6
│ コリアンダー	小さじ1
└ 七味唐辛子	小さじ1/3
塩	小さじ1強

下準備

【海苔】適当な大きさに切り、分量の水 (400ml) に30分ほど浸けておく

作り方

❶ 深めのフライパンにサラダ油を熱してクミンシードを炒め、ジワジワしてきたら玉ねぎを入れて飴色になるまで炒める (P18参照)。

❷ まぜ合わせたGGを加えて炒め、パウダースパイスと塩を入れて少し炒め、水で戻した海苔と水、鰹節を入れてよくまぜる。フツフツと煮立ってきたら火を少し弱め、5～10分まぜながら煮詰める。

❸ しっかり水分が飛んでディップ状になったら、すぐに氷水で冷やし、冷蔵庫で保存する。

海苔と梅のピクルス

20分

材料

焼き海苔（全形）・・・・・・・・・・・・・・・・・・・・・・・・	5枚
水・・・・・・・・・・・・・・・・・・・・・・・・・・・	400ml
練り梅・・・・・・・・・・・・・・・・・・・・・・・・・・・・	35g
玉ねぎ（みじん切り）・・・・・・・	大1/2個（約150g）
サラダ油・・・・・・・・・・・・・・・・・・・・・・・・・	大さじ2
クミンシード・・・・・・・・・・・・・・・・・・・・・・・	小さじ1
生姜（みじん切り）・・・・・・・・・・・・・・・・・・	10g

パウダースパイス

┌ ターメリック・・・・・・・・・・・・・・・・・・・	小さじ1/2
│ カイエンペッパー・・・・・・・・・・・・・・	小さじ1/6
│ コリアンダー・・・・・・・・・・・・・・・・・・・	小さじ1
└ 七味唐辛子・・・・・・・・・・・・・・・・・・・	小さじ1/3
塩・・・・・・・・・・・・・・・・・・・・・・・・・・・・	少々
炒りゴマ（白）・・・・・・・・・・・・・・・・・・・・・	小さじ1

下準備

【海苔】適当な大きさに切り、分量の水（400ml）に30分ほど浸けておく

作り方

❶深めのフライパンにサラダ油を熱してクミンシードを炒め、ジワジワしてきたら生姜を入れて少し炒め、玉ねぎを入れて飴色になるまで炒める（P18参照）。

❷パウダースパイスと塩を入れて少し炒め、水で戻した海苔と水、練り梅、炒りゴマを加えてよくまぜる。煮立ってきたら少し火を弱め、5〜10分まぜながら煮詰める。

❸しっかり水分が飛んでディップ状になったら、すぐに氷水で冷やし、冷蔵庫で保存する。

鶏肉の
山椒ココナッツカレー

タイ料理のグリーンカレーを食べているときに、
バイマックルー（コブミカンの葉）の香りが
実山椒と似ていると思い、
ココナッツと山椒の相性の良さに気づきました

フレッシュ実山椒の季節にぜひ!

鶏肉の山椒ココナッツカレー

65分
(蒸らし含む)

材料(4〜5人分)

鶏もも肉(皮と脂を取り一口大に切る)・・・・400〜500g
玉ねぎ(みじん切り)・・・・・・・・・・・・大1個(約300g)
サラダ油 ・・・・・・・・・・・・・・・・・・・・大さじ3

ホールスパイスA
- シナモン ・・・・・・・・・・・・・・・・・・・2片
- クローブ ・・・・・・・・・・・・・・・・・・・5粒
- カルダモン ・・・・・・・・・・・・・・・・・2個
- マスタードシード ・・・・・・・・・・・・小さじ1

ホールスパイスB
- チリ ・・・・・・・・・・・・・・・・・・・・・・1本
- ローリエ ・・・・・・・・・・・・・・・・・・・2枚

GG(ジンジャー&ガーリック)
- おろし生姜 ・・・・・・・・・・・・・・・・・小さじ2
- おろしにんにく ・・・・・・・・・・・・・・小さじ1
- 水 ・・・・・・・・・・・・・・・・・・・・・・・150ml

パウダースパイス
- ターメリック ・・・・・・・・・・・・・・・・小さじ1
- カイエンペッパー ・・・・・・・・・・・・小さじ1/2
- コリアンダー ・・・・・・・・・・・・・・・・大さじ1

塩 ・・・・・・・・・・・・・・・・・・・・・・・・小さじ1と1/2
トマトジュース(無塩)・・・・・・・・・・150ml
実山椒(下処理してゆでたもの)・・・・・・・・・・10g
ココナッツミルクパウダー ・・・・・・・・小さじ4(約10g)

下準備

【山椒ココナッツ】実山椒とココナッツパウダーは、100mlの湯(分量外)と合わせ、ブレンダーなどで撹拌しておく

実山椒は粉山椒で代用可。
粉山椒の場合は小さじ1と1/2。
泡立て器でまぜればOK!

POINT

作り方

❶
深めのフライパンにサラダ油を入れて中火にかけ、ホールスパイスAを入れる。パチパチはねて香りが出てきたら、ホールスパイスBと玉ねぎを入れて、飴色になるまで炒める(P18参照)。

❷
まぜ合わせたGGを加えて少し炒めたら、パウダースパイスと塩を加えて炒める。

❸
トマトジュースと水100ml
(分量外)を加える。

❹
煮立ったら鶏肉を入れる。

❺
ときどきまぜながら中火で
10分ほど煮込む。

❻
撹拌しておいた山椒ココナッ
ツを加える。2〜3分煮た
ら、火を止めてフタをし、
30分ほどおいて味をなじ
ませる。

❼
再び火にかけ、水50mlほ
ど(分量外)を加えて、ひと
煮立ちさせる。

＼ 完成 ／

ピリリときいた山椒の辛味と
さわやかな香りがやみつきに！

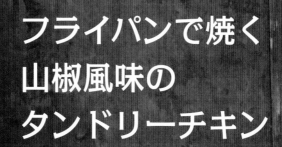

フライパンで焼く
山椒風味の
タンドリーチキン

スーパーマーケットでもそろえられる
ターメリック、カイエンペッパー、クミン、
コリアンダー、ブラックペッパーに、
和のスパイスの山椒と七味を加えて作ります

フライパンで焼く山椒風味のタンドリーチキン

15分

材料（2〜4人分）

鶏もも肉（骨なし・皮つき）‥‥‥ 2枚（約500g）
サラダ油 ‥‥‥‥‥‥‥‥‥‥‥‥‥ 小さじ1

下味
- おろし生姜 ‥‥‥‥‥‥‥‥‥‥ 小さじ1/2
- おろしにんにく ‥‥‥‥‥‥‥‥ 小さじ1/4
- 塩 ‥‥‥‥‥‥‥‥‥‥‥‥‥‥ 小さじ1/2
- カイエンペッパー ‥‥‥‥‥‥‥ 小さじ1/6
- レモン汁 ‥‥‥‥‥‥‥‥‥‥‥ 小さじ1

マリネ液
- プレーンヨーグルト ‥‥‥‥‥‥‥‥ 60g
- 黒酢 ‥‥‥‥‥‥‥‥‥‥‥‥‥ 大さじ1
- おろし生姜 ‥‥‥‥‥‥‥‥‥‥ 小さじ1
- おろしにんにく ‥‥‥‥‥‥‥‥ 小さじ1/2
- 塩 ‥‥‥‥‥‥‥‥‥‥‥‥‥‥ 小さじ1/2
- ケチャップ ‥‥‥‥‥‥‥‥‥‥ 大さじ1
- パウダースパイス
  - ターメリック ‥‥‥‥‥‥‥‥ 小さじ1/3
  - カイエンペッパー ‥‥‥‥‥‥ 小さじ1/2
  - クミン ‥‥‥‥‥‥‥‥‥‥‥ 小さじ1
  - コリアンダー ‥‥‥‥‥‥‥‥ 小さじ1/2
  - ブラックペッパー ‥‥‥‥‥‥ 小さじ1/3
  - 粉山椒 ‥‥‥‥‥‥‥‥‥‥‥ 小さじ1/2
  - 七味唐辛子 ‥‥‥‥‥‥‥‥‥ 小さじ1/2

下準備

【鶏肉】
余分な脂を取り、厚みを均等にして筋を切り、一口大に切る。下味の材料を加えて肉になじませ、10分ほどおく

【マリネする】
❶ボウルにマリネ液の材料を入れ、よくまぜる

❷保存袋に①と鶏肉を入れて軽くもみ、冷蔵庫で一晩おく

※時間がなければ3時間ほどでもよい。2〜3日おいても大丈夫。ボウルで保存する場合は、ラップをピタッとかぶせる

作り方

❶
マリネ液に浸けた肉は、焼く20〜30分前に冷蔵庫から出して常温に戻し、鶏肉の皮目のマリネ液をふき取る。

皮目にマリネ液がついていると焦げやすいよ！

POINT

❷
フライパンにサラダ油を入れて中火で熱し、皮目を下にして焼く。

❸
皮から出た余分な脂をふき取る。

❹
2〜3分して、少し焼き色がついたら裏返し、1分ほど焼く。

❺
焼き色が少しついたら火を弱め、フタをして4〜5分焼く（途中で焼き加減を確認する）。

❻
肉に火が通ったら、再度裏返して皮目を焼きつける。

八角なしでもルーローの味！フェンネルシードと日本酒がいい仕事をします

豚肉の甘辛煮 (ルーロー風)

45分

材料 (3〜4人分)

豚肩ロース肉 (ブロック) ・・・・・・・・・・・・・ 300g
玉ねぎ ・・・・・・・・・・・・・ 大1/4個 (約80g)
GG (ジンジャー＆ガーリック)
┌ おろし生姜 ・・・・・・・・・・・・・・・・・・ 小さじ2
│ おろしにんにく ・・・・・・・・・・・・・・・・ 小さじ1
└ 水 ・・・・・・・・・・・・・・・・・・・・・・・・・ 100ml
サラダ油 ・・・・・・・・・・・・・・・・・・・・・ 大さじ2
ホールスパイス
┌ フェンネルシード ・・・・・・・・・ 小さじ1と1/2
│ クローブ ・・・・・・・・・・・・・・・・・・・・・ 6粒
│ シナモン ・・・・・・・・・・・・・・・・・・・・・ 1片
└ ブラックペッパー ・・・・・・・・・・・・・・・ 6粒
ホールチリ ・・・・・・・・・・・・・・・・・・・・・ 1本
調味料
┌ 醤油 ・・・・・・・・・・・・・・・・・・・・・・ 大さじ3
│ 砂糖 ・・・・・・・・・・・・・・・・・・・・・・ 大さじ1
│ 日本酒 ・・・・・・・・・・・・・・・・・・・・ 大さじ2
│ 粉山椒 ・・・・・・・・・・・・・・・・・・・・ 小さじ1
│ 七味唐辛子 ・・・・・・・・・・・・・・・・・ 小さじ1
└ 純米酢 ・・・・・・・・・・・・・・・・・・・・ 小さじ1
卵 ・・・・・・・・・・・・・・・・・・・・・・・・・・ 2個
青菜のスパイスオイル和え (P15参照) ・・・・ 適量
ご飯 ・・・・・・・・・・・・・・・・・・・・・・・・ 適量

下準備

【豚肉】5mm 角、3cm の棒状に切る
【玉ねぎ】縦半分、横半分にし、繊維にそってスライス
【調味料】材料をまぜ合わせておく
【ゆで玉子を作る】鍋に卵とかぶるくらいの水を入れて火にかけ、煮立ったら8分ほどゆで、氷水にとってよく冷やし、殻をむく

作り方

❶ 鍋にサラダ油を入れて中火にかけ、ホールスパイスを入れる。香りが出て、フェンネルが少し色づいたら、ホールチリを入れて油になじませ、玉ねぎを入れてしんなりするまで炒める。

❷ まぜ合わせたGGを加えて少し炒め、豚肉を入れて軽く炒める。表面の色が変わったら、水300ml (分量外)、ゆで玉子を加えて火を強め、煮立ったらアクを取り、ときどきまぜながら中火で煮汁が1/3量くらいになるまで15分ほど煮る。

❸ まぜ合わせた調味料を加えて少し火を弱め、ときどきまぜながら15〜20分煮込む。

黒々と、黒さが薫り立つ黒ゴマシリーズから
三兄弟がエントリー

豚肉の黒々カレー

玉ねぎの甘みに、粗挽き、パウダー、ホールの3種のブラックペッパーの辛味、
トマトとヨーグルトの酸味、豚肉と黒ゴマのコクが一体となった、
ブラックペッパー好きにはたまらないカレーです。
玉ねぎをペーストにすることで、より甘みが強くなります。
少し手間はかかりますが、休みの日にぜひ!

黒ゴマと黒こしょうで黒々!

豚肉の黒々カレー

⏱ 30分

材料（4人分）

豚肩ロース肉（ブロック／一口大に切る）····· 500g
玉ねぎ（ざく切り）········ 大1個（約300g）
サラダ油 ················· 大さじ3
トマトジュース（無塩）··········· 300ml
プレーンヨーグルト ··········· 大さじ2
ホールスパイスA
　┌ シナモン ················· 2片
　│ クローブ ················· 8粒
　└ カルダモン ················· 2個
ホールスパイスB
　┌ チリ ··················· 1本
　└ ローリエ ················· 2枚
GG（ジンジャー＆ガーリック）
　┌ おろし生姜 ··········· 小さじ2
　│ おろしにんにく··········· 小さじ1
　└ 水 ··················· 150ml
パウダースパイスC
　┌ ターメリック ··········· 小さじ1
　└ カイエンペッパー ··········· 小さじ1/2
塩 ··················· 小さじ1と1/2
パウダースパイスD
　┌ クミン ··········· 小さじ1と1/2
　│ コリアンダー ··········· 小さじ1と1/2
　│ ブラックペッパー ··········· 小さじ2/3
　│ 粗挽きブラックペッパー ··········· 小さじ2/3
　└ 炒りゴマ（黒）··········· 小さじ1
ホールブラックペッパー ··········· 10粒
練りゴマ（黒）··········· 大さじ2

下準備

【豚肉】

❶水からゆで、沸騰したらザルに上げ、流水で洗って水をきる

❷鍋に戻し、ホールブラックペッパー5粒、生姜スライス1枚、ひたひたの水（すべて分量外）を入れて30分ほどゆでる

❸ゆで汁ごとボウルに移し、底を冷水に当てて冷やす。冷え固まった余分な脂は取り除く

【玉ねぎ】

❶水からゆで、沸騰して2分ほどしたらザルに上げる

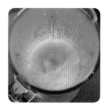

❷冷めたらミキサーなどでペースト状にする（水分は加えない）

> ゆでることで玉ねぎの水分が抜けるので、炒める時にはねないし、時間も短縮！

POINT

作り方

❶
深めのフライパンにサラダ油を入れて中火にかけ、ホールスパイスAを入れる。香りが出てきたら、火を少し弱めてホールスパイスBを加え、油になじませる。

❷

ペーストにした玉ねぎを加え、少し色づくまで中火で10分ほど炒める。

❸

まぜ合わせたＧＧを加えて軽く炒め、パウダースパイスＣと塩を加えて炒める。

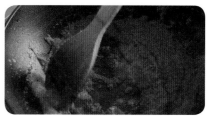

❹

トマトジュース、プレーンヨーグルト、ホールブラックペッパーを加える。

❺

煮立ってきたら下準備した豚肉をゆで汁ごと加えて10分ほど煮る。

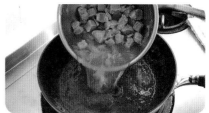

❻

別のフライパンにパウダースパイスＤを入れ、弱火でから煎りする。

❼

軽く色づいて香りが出てきたら、❺に加える。

❽

練りゴマを加えて5分ほど煮込む。

ラム×ゴボウ×黒ゴマ×ココナッツと、クセ者同士が一体となった自慢の逸品！

ラムとゴボウの黒ゴマココナッツカレー

45分

材料（4人分）

ラム肩肉（ブロック／一口大に切る）‥‥‥‥300g
ゴボウ（一口大に切る）‥‥‥‥‥‥‥‥‥150g
玉ねぎ（みじん切り）‥‥‥‥‥大1個（約300g）
サラダ油‥‥‥‥‥‥‥‥‥‥‥‥‥‥‥大さじ3
トマトジュース（無塩）‥‥‥‥‥‥‥‥‥300ml
プレーンヨーグルト‥‥‥‥‥‥‥‥‥‥大さじ2
ホールブラックペッパー‥‥‥‥‥‥‥‥‥10粒
練りゴマ（黒）‥‥‥‥‥‥‥‥‥大さじ1と1/2
ココナッツパウダー‥‥‥‥‥‥‥‥‥‥‥15g
ホールスパイスA
┌ マスタードシード‥‥‥‥‥‥‥‥‥小さじ1
└ フェンネルシード‥‥‥‥‥‥‥‥‥小さじ1
ホールスパイスB
┌ シナモン‥‥‥‥‥‥‥‥‥‥‥‥‥‥2片
│ クローブ‥‥‥‥‥‥‥‥‥‥‥‥‥‥8粒
└ カルダモン‥‥‥‥‥‥‥‥‥‥‥‥‥2個
ホールスパイスC
┌ チリ‥‥‥‥‥‥‥‥‥‥‥‥‥‥‥‥1本
└ ローリエ‥‥‥‥‥‥‥‥‥‥‥‥‥‥2枚
GG（ジンジャー＆ガーリック）
┌ おろし生姜‥‥‥‥‥‥‥‥‥‥‥‥小さじ2
│ おろしにんにく‥‥‥‥‥‥‥‥‥‥小さじ1
└ 水‥‥‥‥‥‥‥‥‥‥‥‥‥‥‥‥150ml
パウダースパイスD
┌ ターメリック‥‥‥‥‥‥‥‥‥‥‥小さじ1
└ カイエンペッパー‥‥‥‥‥‥‥‥小さじ1/3
塩‥‥‥‥‥‥‥‥‥‥‥‥‥‥‥‥小さじ1と1/2
パウダースパイスE
┌ クミン‥‥‥‥‥‥‥‥‥‥‥‥‥‥小さじ2
│ コリアンダー‥‥‥‥‥‥‥‥‥‥‥小さじ3
└ 粗挽きブラックペッパー‥‥‥‥‥小さじ1/2

下準備

【ラム肉】

❶水からゆで、沸騰したらザルに上げ、流水で洗って水をきる

❷鍋に戻し、ホールブラックペッパー5粒、生姜スライス1枚、ひたひたの水（すべて分量外）を入れて30分ほどゆでる

❸ゆで汁ごとボウルに移し、底を冷水に当てて冷やす。冷え固まった余分な脂は取り除く

【ゴボウ】ターメリックパウダー小さじ1/3（分量外）をまぶしておく

【練りゴマとココナッツパウダー】50mlの湯（分量外）で溶いておく

作り方

❶深めのフライパンにサラダ油を入れて中火にかけ、ホールスパイスAを入れる。パチパチとはじけてきたらホールスパイスBを加え、香りが出てきたら、ホールスパイスCを入れて油になじませる。玉ねぎを加え、飴色になるまで炒める（P18参照）。

❷まぜ合わせたGGを加えて軽く炒め、パウダースパイスDと塩を加えて炒め、ゴボウを加えて2～3分炒める。トマトジュース、プレーンヨーグルト、ホールブラックペッパーを加え、煮立ってきたら下準備したラム肉をゆで汁ごと加えて10分ほど煮る。

❸別のフライパンにパウダースパイスEを入れて弱火でから煎りし、軽く色づいて香りが出てきたら、②に加える。練りゴマとココナッツパウダーを湯で溶いたものを加えて5分ほど煮る。

ラムが苦手な人は豚肉でもOK！
POINT

骨付き肉の旨味と黒ゴマのコクを存分に!

鶏手羽元の黒ゴマカレー

90分
(蒸らし含む)

材料（4人分）

鶏手羽元	8本（約500g）
玉ねぎ（みじん切り）	大1個（約300g）
サラダ油	大さじ3

ホールスパイスA
- シナモン・・・・・・・・・・・・・・・・・・2片
- クローブ・・・・・・・・・・・・・・・・・・8粒
- カルダモン・・・・・・・・・・・・・・・・2個

ホールスパイスB
- チリ・・・・・・・・・・・・・・・・・・・・・1本
- ローリエ・・・・・・・・・・・・・・・・・・2枚

GG（ジンジャー＆ガーリック）
- おろし生姜・・・・・・・・・・・・・・小さじ2
- おろしにんにく・・・・・・・・・・・・小さじ1
- 水・・・・・・・・・・・・・・・・・・・・150ml

パウダースパイスC
- ターメリック・・・・・・・・・・・・・・小さじ1
- カイエンペッパー・・・・・・・・・・小さじ1/2

塩・・・・・・・・・・・・・・・・・・・小さじ1と1/2

パウダースパイスD
- クミン・・・・・・・・・・・・・・・・・・小さじ1
- コリアンダー・・・・・・・・・・・・・・小さじ2
- 炒りゴマ（黒）・・・・・・・・・・・・小さじ1

トマトジュース（無塩）・・・・・・・・200ml

練りゴマ（黒）・・・・・・・・・・・・・・大さじ2

作り方

❶深めのフライパンにサラダ油を入れて中火にかけ、ホールスパイスAを入れる。香りが出てきたらホールスパイスBを加え、油になじませる。玉ねぎを加え、飴色になるまで炒める（P18参照）。

❷まぜ合わせたGGを加えて軽く炒め、パウダースパイスCと塩を加えて炒める。トマトジュースを加えて3～4分煮立たせ、水400ml（分量外）を加える。煮立ってきたら、鶏手羽元を加えてよくまぜ、フタをして弱火にし、ときどきまぜながら40分ほど煮込む。煮詰まって水分が少なくなったら、適宜、水（分量外）を加える。

❸別のフライパンにパウダースパイスDを入れ、弱火でから煎りし、軽く色づいて香りが出てきたら、❷の鍋に加える。練りゴマを入れてよくまぜ、フタをして弱火で5分ほど煮込み、火を止めて15分ほど蒸らす。

❹再び鍋を火にかけ、少量の水（分量外）を加えて好みの濃度に仕上げる。

イタリアンの
パスタソースを
アレンジ

ITALIAN MENU

カレーとトマトソースの作り方はどこか似ています。
トマトと相性のよいスパイスを使ってイタリアンなカレーを！

イタリア料理のアマトリチャーナ
はブラックオリーブを使いませ
んが、煮込んだブラックオリーブ
が好きなので入れました

イタリア料理のシェフ直伝のレシピをアレンジ

アマトリチャーナカレー

35分

材料（4人分）

ベーコン（みじん切り）・・・・・・・・・・・・・100g
ベーコン（ブロック／一口大に切る）・・・・・約200g
黄パプリカ（乱切り）・・・・・・・・・・・・・・1/2個
玉ねぎ（みじん切り）・・・・・・・大1個（約300g）
オリーブオイル・・・・・・・・・・・・・・・・・大さじ3
にんにく・・・・・・・・・・・・・・・・・・・・・2片
トマト（潰すかざく切りにする）・・・中1個（約150g）
ホールトマト（潰しておく）・・・・・・・・1缶（400g）
ブラックオリーブ（スライス）・・・・・・・・・・10粒
ホールブラックペッパー・・・・・・・・・・・・・10粒
GG（ジンジャー＆ガーリック）
┌ おろし生姜・・・・・・・・・・・・・・・・・小さじ1
│ おろしにんにく・・・・・・・・・・・・・・小さじ1/2
└ 水・・・・・・・・・・・・・・・・・・・・・100ml
ホールスパイスA
┌ クミンシード・・・・・・・・・・・・・・・・小さじ1
│ シナモン・・・・・・・・・・・・・・・・・・・・2片
└ クローブ・・・・・・・・・・・・・・・・・・・・5粒
ホールスパイスB
┌ チリ・・・・・・・・・・・・・・・・・・・・・・1本
└ ローリエ・・・・・・・・・・・・・・・・・・・・2枚
パウダースパイス
┌ ターメリック・・・・・・・・・・・・・・・・小さじ1
│ カイエンペッパー・・・・・・・・・・・・小さじ1/3
│ クミン・・・・・・・・・・・・・・・・・・・小さじ1
└ コリアンダー・・・・・・・・・・・・・・・・小さじ3
塩・・・・・・・・・・・・・・・・・・・・・小さじ1弱

下準備

【にんにく】1片を6〜8等分に切る
【みじん切りベーコン】カリカリになるまで炒める

作り方

❶深めのフライパンにオリーブオイルを弱火で熱し、に
んにくを炒める。少し色づいたらホールスパイスAを入
れて炒める。香りが出てきたらホールスパイスBを加え
て油になじませ、玉ねぎを加えて飴色になるまで炒める
（P18参照）。

❷まぜ合わせたGGを加えて炒め、パウダースパイスと
塩を加えて軽く炒める。トマト、ホールトマトを加え、煮
立ったら炒めたベーコン、ブラックオリーブ、ホールブ
ラックペッパーを加えて10分ほど煮る。

❸別のフライパンに一口大に切ったベーコンを入れて
焼き色がつくまで炒める。パプリカを加えて炒め合わ
せ、❷に加えて少し煮込む。お好みでイタリアンパセリ
や粉チーズをのせる。

ケッパーとブラックオリーブのペーストが味の決め手

肉団子のプッタネスカカレー

35分

材料（4人分）

玉ねぎ（みじん切り）・・・・・・・・	大1個（約300g）
オリーブオイル ・・・・・・・・・	大さじ3
にんにく・・・・・・・・・・・・・	2片

トマトペースト
- トマト（潰すかざく切り）・・・・ 中1個（約150g）
- ケッパー・・・・・・・・・・・・ 15g
- ブラックオリーブ ・・・・・・・・ 15g

ホールトマト（潰しておく）・・・・	1缶（400g）
ケッパー・・・・・・・・・・・・	15g
ブラックオリーブ（スライス）・・・・	15g

GG（ジンジャー&ガーリック）
- おろし生姜・・・・・・・・・・・ 小さじ1
- おろしにんにく・・・・・・・・・ 小さじ1/2
- 水 ・・・・・・・・・・・・・・ 100ml

ホールスパイスA
- クミンシード ・・・・・・・・・ 小さじ1
- シナモン ・・・・・・・・・・・ 2片
- クローブ ・・・・・・・・・・・ 5粒

ホールスパイスB
- チリ ・・・・・・・・・・・・・ 1本
- ローリエ ・・・・・・・・・・・ 2枚

パウダースパイス
- ターメリック ・・・・・・・・・ 小さじ1
- カイエンペッパー ・・・・・・・・ 小さじ1/3
- クミン ・・・・・・・・・・・・ 小さじ1
- コリアンダー ・・・・・・・・・ 小さじ3

塩 ・・・・・・・・・・・・・・・	小さじ1

〈肉団子〉

豚ひき肉 ・・・・・・・・・・・・	300g
塩 ・・・・・・・・・・・・・・・	小さじ1/2
おろし生姜 ・・・・・・・・・・・	小さじ1
おろしにんにく ・・・・・・・・・	小さじ1/2
アジョワンシード ・・・・・・・・	小さじ1/2
クミンパウダー ・・・・・・・・・	小さじ1/2
コリアンダーパウダー ・・・・・・	小さじ1/2
カイエンペッパー・・・・・・・・・	小さじ1/4
玉ねぎ（みじん切り）・・・・・・・	大1/4個（約75g）
ターメリック ・・・・・・・・・・	小さじ1/4
ブラックペッパーパウダー ・・・・	ひとつまみ
ご飯 ・・・・・・・・・・・・・・	適量

下準備

【にんにく】1片を6〜8等分に切る
【トマトペースト】トマト、ケッパー15g、ブラックオリーブ15gを合わせて、ブレンダーなどでペーストにする
【肉団子】材料をすべてボウルに入れて、粘りが出るまでよくまぜ合わせる

作り方

❶深めのフライパンにオリーブオイルを弱火で熱し、にんにくを炒める。少し色づいたら、ホールスパイスAを入れて炒める。香りが出てきたらホールスパイスBを加えて油になじませ、玉ねぎを加えて飴色になるまで炒める（P18参照）。

❷まぜ合わせたGGを加えて炒め、パウダースパイスと塩を加えて軽く炒める。トマトペースト、ホールトマト、残りのケッパーとブラックオリーブ、水300ml（分量外）を加えて、火を強める。煮立ったら3分ほど煮る。

❸下準備した肉団子を12等分して一口大に丸め、②に加える。フタをして10分ほど煮る（途中7分くらいで一度まぜる）。

セロリシードとアジョワンシードがトマトの味を深めてくれます

オトナのスパイスナポリタン

10分

材料（2人分）

スパゲッティ（乾麺）・・・・・・・・・・・・・・・	160g
玉ねぎ（薄切り）・・・・・・・・	大1/2個（約150g）
ピーマン（ヘタと種を取って縦に細切り）・・・・・・	1個
鶏皮（P77のスパイス煮でだしをとったもの）・・・・	2枚
サラダ油・・・・・・・・・・・・・・・・・・・・	大さじ1
セロリシード・・・・・・・・・・・・・・・・・	小さじ1/2
アジョワンシード・・・・・・・・・・・・・・・	小さじ1
ターメリック・・・・・・・・・・・・・・・	小さじ1/2
ケチャップ・・・・・・・・・・・・・・・・	大さじ6
粉チーズ・・・・・・・・・・	大さじ2強（20g）
粗挽きブラックペッパー・・・・・・・・・	ひとつまみ

下準備

【鶏皮】フライパンで両面をこんがりと焼き、食べやすい大きさに切る

作り方

❶鍋に1.5リットルの湯を沸かし、塩大さじ1（分量外）、スパゲッティを入れて、パッケージの表示のゆで時間より1分ほど長くゆでる。

❷フライパンにサラダ油、セロリシード、アジョワンシードを入れて中火にかける（焦げやすいので注意）。ジワジワしてきたら、玉ねぎ、ターメリックを入れてしんなりするまで2〜3分炒める。ピーマン、焼いた鶏皮を入れてサッと炒め合わせ、ケチャップの半量、スパゲッティのゆで汁をお玉1杯ほど（70ml）入れて炒める。

❸スパゲッティがゆで上がったら湯をきってフライパンに加え、残りのケチャップ、粉チーズ、ブラックペッパーを加えてよくまぜる。

アジョワンシード
タイムに似た香味があり
甘い香りが湧き立つ

セロリシード
ほろ苦さが特徴のスパイス

スパイス煮の鶏皮がない場合は、ウインナーソーセージ4本を輪切りにして使う

POINT

野菜

旨味たっぷり
三色
ベジカレー

VEGETABLE CURRY

ひじきと干し椎茸のトマトカレー

乾物の旨味満載のヘルシーなカレーが作りたいと
試行錯誤を重ねて完成したカレー。これはカレー
か？と賛否両論ありますが、自慢のレシピです。

乾物、青菜、豆の個性をうまく生かし
炒めた玉ねぎやスパイスをバランスよく使うことで
食べ応えのある奥深い味わいに

青菜（ほうれん草・小松菜・春菊）と厚揚げのカレー

サグ（青菜のカレー）を作るとき、仕上げに
カスリメティを加えて香りをつけますが、こ
のレシピでは春菊を少し加えることで香り
よく仕上がります。

豆と野菜のカレー

店では4〜5種類の豆をまぜて作
りますが、本書では1種の豆を刻
んだ野菜と煮込んで作ります。

ひじきと
干し椎茸の
トマトカレー

35分

材料（4〜5人分）

だし汁
┌ 干し椎茸（軽く洗う）・・・・・ 15g
│ 日高昆布（サッとふく）・・・・ 5g
└ 水 ・・・・・・・・・・・ 300 ml

乾燥芽ひじき（軽く洗う）・・・・・・
・・・・・・・・・・・ 大さじ2 (8g)

玉ねぎ（みじん切り）・・・・・・・
・・・・・・・・・・ 大1個（約300g）

トマト（潰すか細かく切る）・・・・・
・・・・・・・・・・ 小2個（約200g）

ホールトマト（潰す）・・ 1缶（400g）

サラダ油 ・・・・・・・・・ 大さじ3

ホールスパイスA
┌ マスタードシード ・・ 小さじ1/2
│ クミンシード ・・・・ 小さじ1/2
└ フェネグリークシード ・・ 小さじ1/5

ホールスパイスB
┌ チリ ・・・・・・・・・・・ 1/2本
└ ローリエ ・・・・・・・・・・ 1枚

GG（ジンジャー＆ガーリック）
┌ おろし生姜 ・・・・・・・ 小さじ2
│ おろしにんにく ・・・・・ 小さじ1
└ 水 ・・・・・・・・・・・ 150ml

パウダースパイス
┌ コリアンダー ・・・・・・ 小さじ2
│ ターメリック ・・・・・ 小さじ1弱
└ カイエンペッパー ・・ 小さじ1/3弱

塩 ・・・・・・・・・ 小さじ1と1/2

炒りゴマ（白）・・・・・ 小さじ1/2

下準備

> 【だし汁】ボウルにすべて
> の材料を入れ、冷蔵庫で一
> 晩浸けておく

作り方

❶ だし汁から椎茸と昆布を取り出し、椎茸は5mm角、昆布は1cm角に切る。

❷ 深めのフライパンにサラダ油を入れて火にかけ、ホールスパイスAを入れる。パチパチとはねてきたら、ホールスパイスBを入れて油になじませる。玉ねぎを入れ、飴色になるまで炒める（P18参照）。

❸ まぜ合わせたGGを加えて軽く炒め、パウダースパイスと塩を加えて炒める。トマト、ホールトマト、①のだし汁を入れ、ときどきまぜながら中火で5分ほど煮込む。

❹ ①の椎茸と昆布を加えてひと煮立ちさせる。洗ったひじきと炒りゴマを入れ、ときどきまぜながら5分ほど煮込む。

青菜（ほうれん草・
小松菜・春菊）と
厚揚げのカレー

材料（4人分）

ほうれん草・・・ 1/2束（約120g）

小松菜 ・・・・・ 1/2束（約120g）

春菊 ・・・・・・ 1/2束（約80g）

玉ねぎ（みじん切り）・・・・・・・・
・・・・・・・・・・ 大1/2個（約150g）

トマト（粗みじん切り）・・・・・・・
・・・・・・・・・・ 小1個（約100g）

練りゴマ（白）・・・・・・ 大さじ1

サラダ油 ・・・・・ 大さじ1と1/2

ホールスパイスA
┌ クミンシード ・・・・ 小さじ1/2
│ シナモン ・・・・・・・・・ 1片
│ クローブ ・・・・・・・・・ 2粒
└ カルダモン ・・・・・・・・ 1個

ホールスパイスB
┌ チリ ・・・・・・・・・・・ 1本
└ ローリエ ・・・・・・・・・ 1枚

GG（ジンジャー＆ガーリック）
┌ おろし生姜 ・・・・・・・ 小さじ1
│ おろしにんにく ・・・・ 小さじ1/2
└ 水 ・・・・・・・・・・・ 100ml

パウダースパイス
┌ カイエンペッパー ・・ 小さじ1/4
│ クミン ・・・・・・・・ 小さじ1/2
└ コリアンダー ・・・・・・ 小さじ2

塩 ・・・・・・・・・ 小さじ1と1/2

厚揚げ ・・・・・・・・・・・ 1枚

> 干し椎茸の旨味成分を存分に
> 引き出すためには、一晩かけて
> ゆっくりと戻すことがポイント

POINT

25分

豆と野菜の
カレー

35分

下準備

【青菜】
❶鍋に湯を沸かし、塩小さじ1（分量外）と青菜を入れ、さっとゆでてザルに上げる
❷冷水にとり、水けを絞る
❸ミキサーに青菜と水100mlほど（分量外）を入れてペーストにする

作り方

❶深めのフライパンにサラダ油を入れて火にかけ、ホールスパイスAを入れる。香りが出てきたらホールスパイスBを入れて油になじませる。玉ねぎを加えて飴色になるまで炒める（P18参照）。

❷まぜ合わせたGGを入れて水分を飛ばし、パウダースパイスと塩を加えて少し炒める。トマトを加えて潰しながらまぜ、練りゴマを加えて炒める。

❸青菜のペーストと水200mlほど（分量外）を加え、煮立ってきたら弱めの中火でまぜながら5分ほど煮る。

❹厚揚げは適当な大きさに切り、別のフライパンで表面をカリッと焼き上げる。カレーを器に盛りつけ、厚揚げをのせる。

材料（4人分）

ムングダール	150g
押し麦	大さじ2（16g）
人参（みじん切り）	30g
キャベツ（みじん切り）	50g
白菜（みじん切り）	50g
カブ（みじん切り）	50g

※赤字の野菜は総量で150gに。カブの代わりに大根を使用してもよい。

サラダ油	大さじ1
玉ねぎ	大1/4個（約75g）
トマト（粗みじん切り）	小1個（約100g）

GG（ジンジャー＆ガーリック）
- おろし生姜 ········ 小さじ2
- おろしにんにく ······ 小さじ1
- 水 ··············· 150ml

クミンシード ········ 小さじ1
マスタードシード ······ 小さじ1

パウダースパイス
- ターメリック ····· 小さじ1/2
- コリアンダー ······ 小さじ1
- カイエンペッパー ·· 小さじ1/4

塩 ············ 小さじ1と1/2

下準備

【ムングダールと押し麦】
軽く洗ってザルに上げておく
【玉ねぎ】縦半分、横半分にし、繊維にそって薄切りにする

作り方

❶鍋にムングダール、押し麦、人参、水800ml（分量外）を入れて火にかける。煮立ったらアクを取り、弱火で10分ほど煮る。キャベツ、白菜、カブを加えて火を強め、煮立ったら弱火にして10〜15分煮る。煮詰まって水分が少なくなったら、適宜、水（分量外）を加える。

❷深めのフライパンにサラダ油を熱してクミンシード、マスタードシードを入れ、パチパチとはねてきたら、玉ねぎを加えて少し色づくまで炒める。

❸まぜ合わせたGGを加えて軽く炒め、パウダースパイスと塩を加えて炒める。トマトを加えて形がなくなるぐらいまで炒めたら、①の鍋に加えて全体がなじむまで5分ほど煮込む。

可能であれば、他の豆（トゥールダール、マスールダール、ウラドダールなど）をまぜて作ってみてください

POINT

スパイス
の
お惣菜

SIDE DISH

汁まで旨い！15分煮込んで、40分休ませ、味を含ませる簡単レシピ

大根・人参・高野豆腐のスパイス煮

材料（4～5人分）

大根（食べやすい大きさに切る）‥‥‥‥‥‥‥ 300g
人参（食べやすい大きさに切る）‥‥ 小1本（約100g）
高野豆腐‥‥‥‥‥‥‥‥‥‥‥‥‥‥‥‥ 2枚
A
　┌ 鶏皮‥‥‥‥‥‥‥‥‥‥‥‥‥‥‥‥ 2枚
　│ 日高昆布‥‥‥‥‥‥‥‥‥‥‥‥‥‥ 5g
　│ 水‥‥‥‥‥‥‥‥‥‥‥‥‥‥‥ 600ml
　└ 日本酒‥‥‥‥‥‥‥‥‥‥‥ 大さじ1と1/2
B
　┌ 生姜（みじん切り）‥‥‥‥‥‥‥ 1片（10g）
　└ トマト（ざく切り）‥‥‥‥ 1/2個（50～70g）
パウダースパイス
　┌ ターメリック‥‥‥‥‥‥‥‥‥‥ 小さじ1/2
　│ クミン‥‥‥‥‥‥‥‥‥‥‥‥ 小さじ1/2
　│ コリアンダー‥‥‥‥‥‥‥‥ 小さじ1と1/2
　└ パプリカ‥‥‥‥‥‥‥‥‥‥‥ 小さじ1/4
塩‥‥‥‥‥‥‥‥‥‥‥‥‥‥‥‥‥ 小さじ2

下準備

【昆布】食べやすい大きさに切り、分量の水に浸けて冷蔵庫に入れ、一晩おく（時間がなければ30分～1時間でもよい）
【高野豆腐】約50℃の湯に5分ほど浸けて戻す。水けを絞って、1枚を8等分に切る

作り方

❶鍋にA を入れて強火にかけ、沸騰したらアクを取る。火を弱めてB を入れ、アクを取り、パウダースパイスと塩を入れる。煮立ったら大根、人参を入れて強火にし、アクが出たら取る。フタをして弱火で10分ほど煮込む。

❷高野豆腐を加え、フタをしてさらに5分煮込む。火を止め、40分ほどおいて味を含ませる。

\POINT/

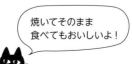
焼いてそのまま
食べてもおいしいよ！

だしをとった鶏皮はP70の「オトナのスパイスナポリタン」で使う

たんどーるの副菜人気No.1

茄子の生姜焼き

材料（4～5人分）

茄子	3本（約300g）
サラダ油	大さじ1
クミンシード	小さじ1/2

マリネ用
ターメリック	小さじ1/3
カイエンペッパー	小さじ1/6
塩	小さじ1/4

生姜焼きのタレ
醤油	大さじ1
みりん	小さじ1
日本酒	小さじ2
おろし生姜	小さじ1
ターメリック	小さじ1/6
コリアンダーパウダー	小さじ1/3
七味唐辛子	小さじ1/6
炒りゴマ（白）	小さじ1

下準備

【生姜焼きのタレ】
材料をまぜ合わせておく
【茄子】ヘタを取り、縦半分に
切って4等分に切る。マリネ
用のスパイスと合わせて10
分ほどおく

POINT

片面ずつしっかり
焼きつけるのがコツ

作り方

❶フライパンにサラダ油を温めて
クミンシードを入れ、茄子を加えて
油を全体になじませる。皮面を上に
して並べ、ときどき全体をゆすりな
がら2分ほど中火で焼きつける。

❷焼き目がついたら茄子を裏
返し、1分ほど焼く。

❸炒りゴマを入れ、生姜焼き
のタレを加えて軽く炒め合わ
せる。

みんな大好きポテサラ。マヨネーズを使わずに作ります

飴色玉ねぎとスパイスのポテトサラダ

きゅうりや生玉ねぎが
苦手な人におすすめ

材料（4～5人分）

じゃがいも ・・・・・・・・・・・・・ 500g
人参 ・・・・・・・・・・ 1/2本（約60g）
玉ねぎ（薄切り）・・・・ 1/4個（約75g）
トマト（さいの目切り）・・ 小1個（約100g）
マスタードシード ・・・・・・・・・ 小さじ1
コリアンダーシード ・・・・・・・ 小さじ1
ホールチリ（種を取る）・・・・・・・ 1本
サラダ油 ・・・・・・・・・・・・・ 大さじ1
塩 ・・・・・・・・・・・・・・・ 小さじ1強
ブラックペッパーパウダー ・・ 小さじ1/3

作り方

❶じゃがいもと人参は洗ってそのまま鍋に入れ、かぶるより少し多めの水と塩小さじ1/2（分量外）を入れて、25分ほどゆでる（つまようじなどを刺して、硬さをチェックする）。

❷フライパンにサラダ油を熱してマスタードシード、コリアンダーシードを入れ、パチパチとはねてきたらホールチリ、玉ねぎを入れて弱めの中火で飴色になるまで炒める。トマト、塩、ブラックペッパーを入れて中火にし、全体をなじませるように炒め、水分を飛ばす（途中で焦げそうなら水を少し加える）。

❸①がゆで上がったらザルに上げ、熱いうちに皮をむく。人参はいちょう切りにする。じゃがいもと人参をボウルに入れて潰す。②を加えてまぜる。

ナン
と
ご飯

NAAN & RICE

フライパンで焼くナン

本来、丸いナンは「クルチャ」といいます。
丸く伸ばすほうが難易度も低く、
フライパン底の丸さと合って焼きやすいです

チーズナン

フライパンで焼くナン

材料（4枚分）

A
- 小麦粉（強力粉）・・・・・・・・・・・・・・・・・ 250g
- 塩 ・・・・・・・・・・・・・・・・・・・・・・ 小さじ2/3
- 砂糖 ・・・・・・・・・・・・・・・・・・・・ 小さじ1/2
- ベーキングパウダー ・・・・・・・・・・・・・ 小さじ1

B
- 溶き卵 ・・・・・・・・・・・・・・・・ 1/2個分（25g）
- 牛乳 ・・・・・・・・・・・・・・・・・・・・・・・・ 50ml
- 水 ・・・・・・・・・・・・・・・・・・・・・・・・・ 50ml
- プレーンヨーグルト ・・・・・・・・・・・・・・ 大さじ2
- オリーブオイル ・・・・・・・・・・・・・・・・ 小さじ1

砂糖　牛乳　水　ヨーグルト　小麦粉

塩　ベーキングパウダー　オリーブオイル　溶き卵

作り方

❶ A、Bをそれぞれまぜ合わせておく。Aの粉の中央にくぼみを作り、Bを加える。

❷ 手でよくまぜる。水分が足りないようなら少量の水（分量外）を足して練る。

❸ 耳たぶくらいの硬さになったらひとまとめにし、オリーブオイルを加えて軽く練る。ラップで包み、30分ほど常温で休ませる。

❹ 生地を再び軽く練る。

❺4等分にして丸めたらラップで包み、30分ほど常温で休ませる。

❻台に打ち粉をする。生地に粉（分量外）をまぶし、手で押し潰して平らにする。

❼綿棒で15cm程度に丸く伸ばす。

❽フライパンを中火で熱し、温まったら弱火にし、生地を入れて2〜3分焼く。

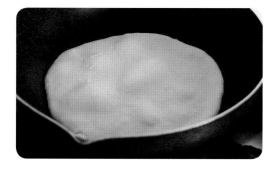

❾表面がフツフツとふくらみ、焼き色がついたら裏返して1〜2分焼く。

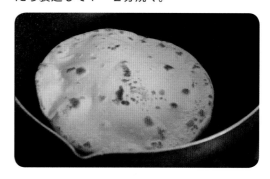

チーズナン

材料（1枚分）

生地 ・・・・・・・・・・・・・・・・・・・・・・・・1枚
ピザ用チーズ ・・・・・・・・・・・・・・・・・50g

作り方

生地の中にチーズを入れて包み、10cm程度に丸く伸ばして焼く。

チーズをつめる　　　　手で押す

お店では青ジソとシソ昆布（P45参照）をトッピングしています

食物繊維も豊富でヘルシー

雑穀ご飯

材料（4人分）

米 ・・・・・・・・・・・・・・・・・・・・・・・・・・2合
押し麦 ・・・・・・・・・・・・ 大さじ1強（10g）
黒米 ・・・・・・・・・・・・・・・・・・・・・・・・小さじ2
黒ゴマ ・・・・・・・・・・・・・・・・・・・・・・小さじ1
水 ・・・・・・・・・・・・・・ 米と同量＋ 大さじ3
オリーブオイル ・・・・・・・・・・・・・・ 大さじ1

作り方

米、押し麦、黒米はさっと洗って水けをきる。炊飯釜に材料をすべて入れてまぜ、1 〜 2時間おいてから炊く。

目に鮮やかなターメリックが食欲をそそる!

ターメリックライス

材料（4人分）

米 ・・・・・・・・・・・・・・・・・・・・・・・・・・2合
押し麦 ・・・・・・・・・・・・ 大さじ2強（20g）
ターメリック ・・・・・・・・・・・・・・・ 小さじ1/3
水 ・・・・・・・・・・・・・・ 米と同量＋ 大さじ3
オリーブオイル ・・・・・・・・・・・・・・ 大さじ1

作り方

米、押し麦はさっと洗って水けをきる。炊飯釜に材料をすべて入れてまぜ、30分以上おいてから炊く。

黒米は一晩水に浸けると、ふっくら炊き上がります  POINT

大人気！たんどーるの自家製ドレッシング

材料（作りやすい分量）

玉ねぎ・・・・・・・	大1/4個（約75g）
人参（スライス）・・・・	小1/2本（50g）
にんにく・・・・・・・・・・・・・・	1片
オリーブオイル・・・・・・・・	大さじ1
ブラックペッパーパウダー・・	ひとつまみ
醤油・・・・・・・・・・・・・・・	小さじ4
めんつゆ（3倍濃縮）・・・・・	小さじ4
マヨネーズ・・・・・・・・・・・・	250g
粉チーズ・・・・・・・・・・・	大さじ1
塩・・・・・・・・・・・・・・・・	小さじ2

作り方

❶玉ねぎは適当な大きさに切り、熱湯で2〜3分ゆでてザルに上げ、冷ます。

❷にんにくは6〜8等分に切る。低温のオリーブオイルで軽く色づくまでじっくり火を通し、冷ます。

❸材料をすべてミキサーに入れて攪拌する。

一度に作るからロスなし！ 生姜はガリに。エキスはジンジャーエールに

ジンジャーエール／スパイスガリ

材料（約7杯分）

生姜（スライサーで皮ごと薄く切る）・・・
・・・・・・・・・・・・・・・・・・・300g
水・・・・・・・・・・・・・・・・500ml

＜ジンジャーエール＞

砂糖・・・・・・・・・・・・・・・・80g
シナモン・・・・・・・・・・・・・・2片
クローブ・・・・・・・・・・・・・12粒
カルダモン（割る）・・・・・・・・・3粒
ホールチリ（種を取る）・・・・・・・1本
ホールブラックペッパー・・・・・・・20粒
塩・・・・・・・・・・・・・・・・・少々
レモン（6等分に切って軽く絞る）・・1個
炭酸水・・・・・・・・・・・・・・・適量

＜スパイスガリ＞

甘酢

┌ 酢・・・・・・・・・・・・・・100ml
│ 砂糖・・・・・・・・・・・・・・40g
│ 塩・・・・・・・・・・・・・小さじ1/2
│ ホールブラックペッパー・・・・・10粒
│ ホールチリ（種を取る）・・・・・・1本
└ ターメリック・・・・・・・・小さじ1/6
サラダ油・・・・・・・・・・・・小さじ2
クミンシード・・・・・・・・・・小さじ1/2
マスタードシード・・・・・・・・小さじ1/2

作り方

＜生姜を煮る＞

❶鍋に分量の水と生姜を入れて火にかけ、煮立ったらごく弱火にして5分煮る。

❷ザルで濾して、生姜と煮汁に分ける。

＜ジンジャーエールを作る＞

❶鍋に炭酸水以外の材料と生姜の煮汁を入れて火にかけ、煮立ったら弱火にして10分ほど煮る。

❷ザルで一度濾して、水分の量を360mlにする（足りなければ分量外の水を足す）。鍋に戻してひと煮立ちさせる。

❸保存容器に入れ、濾したスパイスとレモンを戻す（ジンジャーエールの素の完成）。グラスに冷やしたジンジャーエールの素50ml（液体のみを使う）と炭酸水150mlを入れて軽くまぜる。

＜スパイスガリを作る＞

❶甘酢の材料をすべてまぜ、鍋でひと煮立ちさせる（写真左）。
❷ボウルに煮た生姜と①を入れる（写真右）。
❸フライパンにサラダ油、クミンシード、マスタードシードを入れて火にかけ、パチパチとしてきたら油ごと②に入れ、よくまぜる。

POINT

ジンジャーエールの素は2～3日経ったほうがおいしいよ！

たんどーる定番のチャイ

マサラチャイ

（写真右）

材料（2杯分）

紅茶の葉（CTC アッサム）・・・
・・・・・・ 小さじ山盛り4（10g）
スパイス
- シナモン ・・・・・・・・・ 2片
- クローブ ・・・・・・・・・ 2粒
- カルダモン（割っておく）・ 2個
生姜（スライス）・・・・・・・ 2枚
水 ・・・・・・・・・・・ 150ml
牛乳 ・・・・・・・・・ 300ml

作り方

❶鍋に分量の水、スパイス、生姜を入れて火にかけ、水分が1/3量くらいになるまで弱めの中火で5分ほど煮出す。

❷紅茶の葉を加え、水分が少なければ少量の水（分量外）を足して3〜4分煮出す。

❸水分が少なくなるまで茶葉を煮出したら、牛乳を加える。沸騰したら、吹きこぼれる直前でいったん火から下ろし、落ち着いたら再び火にかける。これを2〜3回繰り返すと味が濃厚になる。

❹茶こしで濾し、お好みで砂糖やはちみつを加える。

チョコミントが好きならハマる味!

アイスミントチャイ（写真左）

材料（2杯分）

マサラチャイの材料 ・・・・・・・・ 一式
スペアミントの葉・・・・ 15〜20枚
砂糖 ・・・・・・・・・・・・・・・ 14g

作り方

マサラチャイの①〜③と同様に作り、砂糖を加え、茶こしで濾す。熱いうちにミントの葉を加え、粗熱が取れたら冷蔵庫で冷やす。

CTC アッサムとは

インド北東部アッサム地方が産地のCTCアッサム。CTCとは、Crush（押し潰す）、Tear（引き裂く）、Curl（ねじって丸める）の頭文字をとったもの。この製法で作られるコロコロとしたCTCアッサムの茶葉は、早く濃く出て、渋みが少なく、チャイにぴったり!

ほうじ茶とクローブをしっかり煮出して作る "和のチャイ"

ほうじチャイ

材料（2杯分）

ほうじ茶の葉 ・・・・・・・・・・・・・・・・ 16g
クローブ ・・・・・・・・・・・・・・・・・・・ 6粒
水 ・・・・・・・・・・・・・・・・・・・・・ 150ml
牛乳 ・・・・・・・・・・・・・・・・・・・・ 300ml

作り方

❶鍋に分量の水、クローブ、ほうじ茶の葉を入れて火にかけ、沸騰したら弱めの中火にし、ときどきまぜながら水分が少なくなるまで8〜10分じっくり煮出す（写真左）。

❷牛乳を加え、沸騰したら（写真右）火を止め、フタをして1〜2分蒸らす。茶こしで濾し、お好みで砂糖を加える。香ばしい風味の黒糖もおすすめ！

水分が大さじ1くらいになるまで煮出すので、見た目は水分がほぼない状態。焦がさないように！

POINT

甘い香りのクローブと
ほろ苦いターメリックの
オトナ味

ターメリック
ミルクプリン

材料（5個分） ☆150mlの耐熱性容器を使用

牛乳 ・・・・・・・・・・・・・・・	300ml
クローブ・・・・・・・・・・・・・	20粒
ターメリック ・・・・	小さじ1と1/2
グラニュー糖 ・・・・・・・・・	40g
卵・・・・・・・・・・・・・・・・・	3個
カラメル	
┌ グラニュー糖・・・・・・・・・	40g
│ 水 ・・・・・・・・・・・	大さじ1
└ 湯 ・・・・・・・・・	大さじ1と1/2

作り方

❶鍋に水1カップ（分量外）とクローブを入れて煮出す。水分がほぼなくなるまで中火で煮詰め、牛乳とターメリックを入れてまぜる。ひと煮立ちしたら、ザルなどで濾してボウルに移し、分量が300mlになるように牛乳（分量外）を加え、50度まで温度を下げる。

❷別のボウルに卵とグラニュー糖を入れ、泡立て器ですりまぜる。

❸②に①を少しずつ加えながらまぜる。2回ほど濾してから、カラメルを入れた器に等分に注ぎ、アルミホイルをかぶせる。

❹160度に温めたオーブンに入れ、天板の高さの半分くらいまで湯を注ぎ、20〜30分焼く。表面がプルプルと固まっていればOK。粗熱を取り、冷蔵庫で冷やし固める。

工程1が終わったところで
オーブンの予熱を開始

POINT

下準備

【カラメルを作る】
鍋にグラニュー糖と分量の水を入れて中火にかける。ときどき鍋を揺すりながら温め、茶色くなるまで煮詰める。全体が濃いこげ茶色になったら、分量の湯を加え（はねるので注意）、軽くゆすって火を止める（写真）。耐熱性の器に等分して注ぎ、30分ほど冷やし固める。

PHOTO:FUMIYO TSUKAMOTO

濃いめに煮出したチャイで作る濃厚なプリン

チャイプリン

工程1が終わったところで
オーブンの予熱を開始
POINT

材料（5個分）☆150mlの耐熱性容器を使用

牛乳 ・・・・・・・・・・・・・・・	300ml
クローブ・・・・・・・・・・・・・・	3粒
カルダモン ・・・・・・	3粒（割っておく）
シナモン・・・・・・・・・・・・・	2片
生姜（スライス）・・・・・・・・・・	2枚
紅茶の葉(CTCアッサム)・・・・・	18g
グラニュー糖 ・・・・・・・・・・	40g
卵 ・・・・・・・・・・・・・・・・	3個

カラメル

グラニュー糖 ・・・・・・・・・・	40g
水 ・・・・・・・・・・・・・・	大さじ1
湯 ・・・・・・・・・・	大さじ1と1/2

下準備

【カラメルを作る】
作り方はP90参照

作り方

❶濃いめのチャイを作る。鍋に水1カップ（分量外）生姜、クローブ、カルダモン、シナモンを入れ、弱めの中火で5分ほど煮出す。紅茶の葉を加え、水分がほぼなくなるくらいまでさらに煮出す。牛乳を加え、3回ほど沸騰させて火を止める。茶こしで濾してボウルに移し、分量が300mlになるように牛乳（分量外）を加え、50度まで温度を下げる。

❷別のボウルに卵とグラニュー糖を入れ、泡立て器ですりまぜる。

❸②に①を少しずつ加えながらまぜる。2回ほど濾してから、カラメルを入れた器に等分に注ぎ、アルミホイルをかぶせる。

❹160度に温めたオーブンに入れ、天板の高さの半分くらいまで湯を注ぎ、20〜30分焼く。表面がプルプルと固まっていればOK。粗熱を取り、冷蔵庫で冷やし固める。

たんどーるのこと

水野仁輔

「たくさんの日本人を教えてきたけど、タンドールはツカモトがいちばん上手」

あのひと言が僕は今も忘れられない。フセインさんというシェフから聞いた言葉だ。日本におけるインド・ムグライ料理のスーパーシェフは、何十年もの間、都内のさまざまなインド料理店で腕を振るってきた。そんな彼が最も実力を認める男が、塚本善重である。

タンドールの名手、塚本さんが自身の店の名を『たんどーる』とひらがなにしたのは、日本人である自分がインド料理を作ることへの意思表明でもあると思う。梅やゴマ、味噌、海藻、だしなどなど、和素材を駆使したインド・スパイス料理というジャンルは、長年、塚本さんが孤軍奮闘しながら切り開いてきた分野だ。

看板メニューだった梅カレーについて、レシピを包み隠さず公開しているのに「誰も真似してくれない」と嘆いていた頃が懐かしい。いまや日本じゅうで和素材を使ったスパイス料理、カレーは次々と生み出されているのだから。「パイオニアは塚本さんだよね」と僕が言っておかないと、本人の口からは絶対にそんな言葉は出てこないだろう。

「日本人にスパイスのこと、何がわかる!?」

このひと言が塚本さんは今も忘れられないという。興奮したフセインさんがあるとき、調理場で塚本さんに対して言い放った。それが和素材でインド料理を作るようになったキッカケのひとつだ、と塚本さんは教えてくれた。

和魂印才と称される『たんどーる』の料理の中で一番好きだったのは、タンドリーチキンだ。香り高くジューシーで、艶やかに輝いている。インドで食べるそれよりもはるかにうまい。ところが、去年、タンドリーチキンは2位に落ちた。驚きの味に出会ったからだ。ナンコツキーマ海苔弁である。

にっぽんのインドカレー、ここに極まれり! 去年食べたカレーの中でダントツに記憶に残る味だった。いまだに折に触れて思い出す。アイテムとして和素材を使うことや自由な発想でスパイスを使うことは誰にでもできる。とはいえ、確固たるベーシックが身についてこそアレンジが輝くことをあの弁当は改めて教えてくれた。どんな目新しいスパイス料理でも届かないステージにいることを静かに証明していた。スパイスのことをわかっていない日本人が作る味とは到底思えない。

PHOTO : FUMIYO TSUKAMOTO

「ツカモトは本当に上手だったね。私が作ったのかツカモトが作ったのか、私が食べても違いがわからなかった」

最上級の賛辞をフセインさんから聞いたのは、つい最近のことだ。長年働いたレストランをやめて独立したフセインさんを訪ねた。塚本さんの話になったとき、昔を懐かしむようにそう言った。

僕が自宅にタンドールを導入すると決めたとき、オリジナルで窯を造ってくれる職人を紹介してくれたのは塚本さんだった。我が家にタンドールがやってきた日、仕事の合間を縫って自宅に駆けつけ、炭火の起こし方や窯の温め方、ナンの焼き方を教えてくれた。

小麦粉をこねてナンの生地ができあがると、塚本さんは三角型をした紙鉄砲を2つ取り出し、ニヤリと笑った。面喰っている僕に手渡す。両手を拍手のように合わせてナンの生地を伸ばすとき、パンッ！という大きな音がする。最初のうちはその音がうまく鳴らないだろうから代わりに紙鉄砲で、というのである。最近の僕は少しくらいはいい音をさせられるようになったかな。15年前にもらった紙鉄砲は、今も自宅の棚に陳列してある。

「俺も少しくらいはスパイスのことがわかるようになったかな」

最大級の謙遜を塚本さんから聞いたのは、つい最近のことだ。本書のための撮影にお邪魔したとき、塚本さんはそうとぼけて見せた。経験と技術に裏付けられた自信と生真面目さと冗談と照れと……、いつもと変わらない"たくさんの塚本さん"が垣間見えた。塚本さんのレベルで「スパイスのことが少しくらいわかった」んだとしたら、僕なんか、何ひとつわかっていないに等しいよなぁ。そう思うとなぜか嬉しくなる。まだまだ勉強しなくちゃいけないんだな。塚本さんにこれからも様々な刺激やヒントをもらうことにしよう。

沼袋から初台へと場所を移して営業を続ける『たんどーる』には、昔からたくさんの常連客がいる。『たんどーる』を愛してやまない人たち。塚本さんの作る料理の魅力をより深く知る人たち。僕なんかその足元にも及ばないが、僕にとって塚本さんは"確かな実力と軽やかな遊び心"を兼ね備えたシェフであり、『たんどーる』は"本気と洒落"が共存する素敵な空間だ。またあのナンコツキーマ海苔弁を食べたいなぁ。タンドリーチキンを添えて……。

水野仁輔（みずのじんすけ）
AIR SPICE 代表。1999年以来、カレー専門の出張料理人として全国各地で活動。『カレーの教科書』（NHK出版）、『スパイスの教科書』（PIE International）など、カレーに関する著書は50冊以上。世界中を旅し、「カレーとは何か？」を探求中。

さあ、今日も頑張って
玉ねぎを炒めよう！

初台スパイス食堂
和魂印才たんどーる

「梅カレー」「黒ゴマカレー」「根菜カレー」など、たんどーるの体にやさしい和のスパイス料理は、インド料理をベースに、梅、ゴマ、根菜、昆布、乾物といった和の食材を使った新しいカレーです。試行錯誤を重ねて生み出した、ここでしか食べられないオリジナルの逸品ばかり。時間をかけた丁寧な仕込みを心掛け、「翌日も味や香りを思い出してまた食べたくなる料理、記憶に残る料理」を作っていきたいと、日々料理に向き合っています。現在はランチ中心の営業スタイルで、カレーのほかにきんぴらや煮物など、和食にスパイスを合わせたお惣菜も提供しています。

東京都新宿区西新宿 4-41-10 スカイコート西新宿 1F
TEL 03-6276-2225

ホームページ　https://tandoor1997.com
Facebook　　@mr.tandoor
Instagram　@tandoor1997

写真提供：スペーススパイス

本書で紹介した「鶏肉の山椒ココナッツカレー」のレトルトや「鶏ひき肉とナンコツのキーマカレー」のスパイスセットはスペーススパイスで販売中（https://spacespice.stores.jp）。

STAFF

撮影
三木麻奈

イラスト
田中紗樹
(P5)
青木 崇
(P96)

デザイン
カワチコーシ
(HONA DESIGN)

編集
山田洋子
(オフィスカンノン)

Special Thanks
飯田尚子
塚本文代
南場四呂右
森 希世美

企画
佐藤千秋
(東京ニュース通信社)

塚本善重

1966年、東京生まれ。インド料理歴33年（2021年現在）。
16歳で料理人を志し、洋食店を経て、インド料理店「マハラジャ」で初めてインド料理を学ぶ。以降、「天竺屋」「アジャンタ」「ガンガー」と渡り歩き、1997年、東京・沼袋に「印度料理たんどーる」を開店。2年後、「"新"印度料理たんどーる」と改名。2012年、脳梗塞で倒れ、半年間の休業を余儀なくされる。営業日を限定して再開するも、2015年に一時閉店。2016年、店名を「初台スパイス食堂 和魂印才たんどーる」として、東京・初台にて再スタートをきる。
好きなスパイスは、フェンネル、アジョワン、山椒。愛猫の名は、チョコナン、シナモン、クローブ。

にっぽんのインドカレー

初台スパイス食堂 和魂印才たんどーるの
店主が教える本格おうちレシピ

第1刷　2021年5月7日

著　者　塚本善重

発行者　田中賢一

発　行　株式会社東京ニュース通信社
　　　　〒104-8415 東京都中央区銀座7-16-3
　　　　電話 03-6367-8023

発　売　株式会社講談社
　　　　〒112-8001 東京都文京区音羽2-12-21
　　　　電話 03-5395-3606

印刷・製本　株式会社シナノ

PHOTO : FUMIYO TSUKAMOTO